LETTRE

A L'ASSEMBLÉE NATIONALE

Bordeaux. — Imp. G. Gounouilhou, rue Guirande, 11.

A MESSIEURS

LES MEMBRES DE L'ASSEMBLÉE NATIONALE

Messieurs les Députés,

Je viens appeler votre attention sur un Projet d'Organisation financière ayant pour but de fournir immédiatement au Trésor d'importantes ressources.

Nous devons de quatre à cinq milliards à la Prusse, dont trois milliards productifs d'un intérêt annuel de 5 0/0, et, jusqu'à l'extinction de cette dette, le sol de nos frontières doit être occupé par des baïonnettes ennemies. Cette garantie de libération ne fait pas seulement qu'éveiller, dans tout cœur français, un sentiment de douleur et de révolte; elle laisse encore la patrie sous le joug d'un asservissement qui ne peut lui permettre de travailler avec indépendance et dignité à la réparation de ses désastres. Le devoir est donc tracé pour tous ceux chez qui ces temps d'épreuves n'ont pas abattu le patriotisme. Il ne faut reculer devant aucun sacrifice pour nous acquitter, au plus vite, de notre rançon et chasser l'envahisseur.

La réalisation des moyens est, toutefois, un grave problème. Si, d'une part, il est vrai qu'on doive beaucoup attendre du dévouement de la nation, sous quelque forme qu'on y fasse appel, il ne faut pas oublier, de l'autre, qu'on n'en peut recueillir tout le fruit qu'à la condition d'en régler les efforts par une combinaison pratique où viendront sagement se concilier et l'intérêt particulier et l'intérêt de l'État.

Plusieurs propositions ont été déjà faites. En première ligne, M. Crémieux a pris l'honorable initiative d'une souscription patriotique; et puis sont venus après lui les partisans de l'emprunt...; et puis, enfin, on paraît avoir songé à une émission de papier-monnaie dont le crédit du Trésor serait la principale garantie.

Je crois, sans vouloir développer mes critiques, que l'idée d'une souscription nationale est plus généreuse que réfléchie, et, en ce qui concerne les deux autres, je craindrais que leur adoption ne fût par trop téméraire.

Que pourrait produire, en effet, une souscription nationale, si l'on songe au faible numéraire qui nous reste, et à l'obligation où nous sommes d'en réserver la plus forte part au mouvement de notre industrie et de notre commerce?

Quant à un emprunt, à quelles conditions ruineuses ne faudrait-il pas l'émettre pour obtenir le concours indispensable de l'étranger, et, s'il n'était pas en entier couvert, comme il est trop permis de l'appréhender, de quel discrédit ne serions-nous pas atteints?

Quant à l'émission de papier-monnaie, enfin, dont le

remboursement ne serait assuré par aucune autre garantie
effective que le crédit du Trésor, quel désarroi funeste ne
jetterait-elle pas sur notre marché?

J'ai été, pour ma part, frappé de l'insuffisance et du
danger que devaient inévitablement offrir, dans leur
application, ces projets, et c'est ainsi que j'ai été conduit
à l'élaboration du système que je vais tâcher de vous
soumettre succinctement.

Je me suis ainsi posé le problème : Comment susciter
avec succès, dans toutes les parties du monde, les offres
des capitalistes sans nous grever de trop lourds intérêts?

Une seule condition m'a paru requise, mais elle est
essentielle : c'est d'appeler les capitaux plutôt par la
sécurité des garanties que par l'espérance des avantages
attachés à leur placement.

J'écarte les illusions puériles. L'État ne peut aujourd'hui
remplir, comme autrefois, cette condition. J'ai songé, dès
lors, à lui chercher une bonne et valable caution, qui ne
pût se refuser à relever son crédit de tout ce que nos
récents malheurs lui avaient fait perdre, et cette caution,
c'est dans la France même que je l'ai trouvée.

Notre numéraire est trop réduit pour régler la Prusse,
fût-il en entier versé dans les caisses du Trésor; mais ce
n'est là qu'une bien faible partie du capital de la France,
qui possède, en outre, les richesses inépuisables de son
sol. Je me suis donc attaché à mettre la France en mesure
de fournir à l'État les ressources de crédit que peut offrir
sa fortune foncière.

Faire intervenir cette fortune privée du pays comme
garantie ostensible et avouée dans des emprunts où l'État

aurait directement contracté en son nom eût, toutefois, offert de graves difficultés. Il était nécessaire de masquer l'opération, et l'idée d'en confier la négociation aux soins d'un intermédiaire m'a paru d'autant plus heureuse, qu'elle permettrait de ménager à chacun l'appât d'un intérêt légitime, sans que l'État s'en trouvât grevé.

C'est la Banque de France ou, si l'on préfère, le Crédit foncier, qu'il y aurait à choisir comme auxiliaire; mais on pourrait indifféremment traiter avec tel autre établissement de crédit.

Voici, maintenant, l'économie de mon Projet.

Il faudrait autoriser soit la Banque de France, soit la Société du Crédit foncier, à émettre pour cinq milliards d'obligations. La totalité de la somme fournie par cette émission serait employée à prêter aux propriétaires fonciers, et sur hypothèque, jusqu'à concurrence de moitié de la valeur du gage hypothécaire offert. Le montant intégral de ces prêts devrait être immédiatement versé dans les caisses de l'État. Le propriétaire emprunteur paierait trois et demi 0/0 du capital emprunté, et recevrait quatre et demi 0/0 de l'État. En ce qui touche la maison négociatrice des prêts, pour ajouter à l'intérêt qui lui serait alloué, elle serait autorisée à émettre un chiffre de billets de banque représentant la moitié du chiffre de ses placements hypothécaires, et garanti soit par ces placements, soit, surabondamment, par l'État, ce qui permettrait d'en ordonner, sans péril aucun, le cours forcé. Pour faciliter, enfin, ce circuit, l'État devrait affranchir de tous droits de fisc le contrat d'emprunt hypothécaire nécessité par l'opération, et, de plus, promettre à l'*emprunteur* de l'exonérer,

dans une mesure corrélative à ses sacrifices, des impôts
extraordinaires dont pourrait être ultérieurement grevée
la propriété immobilière. Quant à la question de l'amor-
tissement, elle serait élémentaire à régler dans le détail,
et devrait entraîner l'extinction progressive, corollaire et
simultanée, de la dette de l'État, de la dette du propriétaire emprunteur, des billets de l'émission nouvelle, et,
enfin, des titres des obligataires.

Ce système, dont le résultat serait de procurer au
Trésor du numéraire au taux réduit de quatre et demi 0/0,
devrait évidemment obtenir vos suffrages, s'il vous était
acquis que l'établissement de crédit, ses obligataires, le
public, les propriétaires emprunteurs et prêteurs, y dussent également rencontrer de sérieux avantages. Eh bien!
c'est ce que me semble démontrer une analyse attentive
de la situation qui serait faite à chacun de ces inté-
ressés.

Situation de l'établissement de crédit.

L'établissement de crédit dans ce système ne pourrait
que réaliser d'importants bénéfices. En effet, retirant
de ses placements hypothécaires un revenu de trois et
demi 0/0, il aurait à ajouter à cet intérêt celui du papier
qu'il serait autorisé à émettre, et dont la circulation forcée
assurerait l'entier emploi.

Le seul embarras, si l'on traitait avec la Banque de
France, serait de concilier l'émission d'obligations avec
son organisation actuelle; mais ce serait là un point de
détail sans doute facile à résoudre, dès qu'il ne s'agirait

que de verser dans son ancien courant d'affaires des capitaux qui deviendraient une source certaine de profits
nouveaux. Par exemple, ne pourrait-elle pas réserver
pour ses obligataires l'entier intérêt de trois et demi 0/0
qui lui serait dû par ses emprunteurs, et leur promettre,
en outre, un dividende de 50 0/0 dans les bénéfices
réalisés sur la circulation des billets qu'elle serait autorisée
à créer? Ce serait une combinaison simple qui, partageant
dans une proportion équitable les résultats recueillis entre
actionnaires et obligataires, pourrait grouper le mécanisme de ses opérations dans une caisse particulière qui
se nommerait, je suppose, « *Caisse des valeurs de
l'État.* »

Cette combinaison laisserait subsister, il est vrai, à
côté des billets de création nouvelle dont le cours serait
forcé, les billets anciens remboursables à vue, et l'on
pourrait se demander s'il ne résulterait pas des inconvé-
nients de cette disparité? Je ne crois point, pour ma part,
qu'ils dussent mutuellement se nuire, les billets anciens
conservant, en effet, toute leur sécurité de monnaie fiduciaire par l'encaisse métallique toujours destinée à en
permettre le remboursement, et les billets nouveaux
devant équivaloir, comme sécurité, au numéraire métallique lui-même par le gage foncier sur lequel reposerait
leur émission; mais rien, dans tous les cas, ne serait plus
facile que de les fusionner ensemble, en leur donnant à
tous le bénéfice du cours forcé, et en autorisant à ces fins
la Banque à faire rentrer son capital de réserve dans ses
placements hypothécaires, sous la seule condition de
réduire le chiffre total de ses valeurs à la moitié du chiffre

de ses placements. Alors il n'existerait plus que des billets de banque ayant cours forcé; mais aussi ces billets ne pourraient être assimilés à une monnaie fiduciaire, susceptible de discrédit à un moment de crise, puisqu'ils seraient de véritables contrats hypothécaires, transmissibles au porteur, et reposant sur le plus sûr des gages : la propriété immobilière grevée pour une valeur double du papier émis. Tout le capital engagé, dans cette hypothèse, serait sûr d'un intérêt acquis de trois et demi 0/0, et il aurait, en outre, à se partager, au prorata, les escomptes et les droits de commission réalisés dans les opérations auxquelles la Banque a le droit de se livrer.

Ces aperçus n'intéressent que la situation particulière de la Banque, et sont uniquement destinés à prouver qu'elle ne serait point incompatible avec le système; il faut bien retenir, toutefois, qu'elle n'y est pas essentielle non plus. A mon sens, elle mériterait qu'on s'adressât à elle en première ligne; mais si, hésitant devant l'initiative d'une réforme ou plus que satisfaite de son privilége, elle refusait, par hasard, sa participation, on serait autorisé, je crois, à user d'un autre concours; et quelle est l'association financière qui ne fût heureuse d'accepter l'entreprise aux conditions posées?

Situation des obligataires.

Quant aux obligataires, les avantages de la maison de crédit à laquelle ils verseraient leurs fonds seraient aussi les leurs. Prêtant leur argent pour le voir placer hypothécairement sur des immeubles engagés au demi de leur

valeur réelle, — garantis par l'État, — assurés de trois et demi 0/0 d'intérêt, — ayant de plus en perspective d'importantes distributions de dividendes, — porteurs de titres négociables, — leur position serait une des meilleures qui se fût jamais rencontrée. On peut assurer que, l'opération une fois comprise, le capital afflierait des nations voisines pour obtenir de pareils titres, et c'est à prime qu'ils devraient se négocier, le lendemain même de leur émission !

Situation du public.

Le public, bien qu'étranger aux résultats du système, n'en est pas moins à considérer, je l'ai compris, par le concours indirect qu'il serait appelé à y fournir. Comment accepterait-il l'émission de papier recevant cours forcé? *A priori,* on serait tenté de se demander si ce papier ne serait pas en butte aux justes défiances que doit inspirer toute monnaie fiduciaire? Mais il ne faut pas s'arrêter à une assimilation superficielle contre laquelle le monde des affaires devrait être bien vite prémuni. Qui pourrait confondre avec une simple monnaie de crédit, une monnaie qui ne serait que la représentation pour moitié d'une valeur plus éprouvée encore que la valeur métallique? Chaque billet ne serait, en réalité, que la mobilisation fractionnée du gage foncier sur lequel il reposerait, avec cette immense garantie contre les risques d'une mauvaise réalisation, que le gage serait dans les proportions de deux à un avec son effigie. Chaque porteur aurait en mains une véritable obligation hypothécaire, assortie de la double garantie d'une maison de banque et de l'État. Le cours forcé ne pourrait donc engendrer aucune dépréciation. Ce ne serait pas un papier de confiance et de crédit qui en serait l'objet, mais une monnaie effective, portant en elle-même sa valeur propre et intrinsèque, aussi bien assurément que la monnaie de métal ; car s'il y avait une différence à établir, je ne la ferais qu'à son profit, la monnaie de métal se fondant toujours sur une convention qui peut être modifiée, tandis que le papier hypothécaire se fonde sur la base essentielle et éternelle de la fortune publique, le fonds terrien !

Il n'y aurait donc à craindre, de ce côté, que l'ignorance et les préjugés de l'opinion ; mais une courte expérience en devrait, il me semble, rapidement faire justice.

Situation des propriétaires emprunteurs.

La situation des emprunteurs hypothécaires serait assurément la plus délicate ; mais, imposée par la fatalité de nos malheurs, il serait encore heureux d'y pouvoir rencontrer, à côté du sacrifice patriotique, une assez large part à l'intérêt. Quelle serait exactement cette situation ? Le propriétaire recevrait des mains de la maison de crédit pour verser aux mains de l'État, balançant ainsi son débit par son crédit. Son immeuble serait grevé d'une hypothèque, et payant trois et demi 0/0 à la Banque, tandis qu'il recevrait quatre et demi 0/0 de l'État, il aurait donc un bénéfice de un 0/0 du capital emprunté pour prix des garanties hypothécaires qu'il aurait consenti à laisser prendre sur son bien. Là ne se bornerait pas, toutefois, son avantage : il se trouverait, en outre, assuré, dans une mesure corrélative à ses versements, contre les chances d'emprunts forcés ou d'augmentations d'impôts auxquels il faudra bien, en définitive, et selon toute probabilité, recourir pour liquider la dette du Trésor. Ne seraient-ce pas là des compensations déterminantes, sans parler de l'honneur qu'il y aurait aussi à servir de caution à la patrie? Il ne faut pas oublier, d'ailleurs, que si le pacte hypothécaire entraîne, dans les conditions ordinaires, un amoindrissement de la valeur qui y est soumise, c'est qu'il suppose seulement une dette. Or, ici, l'amoindrissement serait à peine à prendre en considération. L'hypothèque consentie, en effet, aurait ce caractère particulier d'impliquer, à côté de la dette, une créance, et une créance sur l'État, une créance ne pouvant, en outre, se liquider sans faire *ipso facto* tomber la dette! Le propriétaire qui se trouverait ainsi grevé trouverait donc encore aisément à emprunter sur ses immeubles, car il ne pourrait guère y avoir de sérieuses inquiétudes à se voir primer par une hypothèque plus fictive que réelle, qui ne serait, au résultat, que la garantie de la dette personnelle de l'État!

Le plus grave embarras qui naîtrait d'une telle situation viendrait de la difficulté de purger ce genre d'hypothèque, au cas d'aliénation volontaire ou forcée de l'immeuble grevé. Je crois y avoir, toutefois, trouvé un remède. **En** ce qui touche l'aliénation volontaire, si l'acquéreur refusait de se substituer purement et simplement au lieu et place du vendeur, il y aurait lieu de l'autoriser à verser le montant de l'hypothèque aux mains de la maison de crédit, ce qui en entraînerait la radiation et devrait motiver la suppression immédiate d'un chiffre correspondant de papier émis. La maison de crédit ainsi désintéressée et l'hypothèque radiée, l'État devrait au propriétaire vendeur un titre de rente pour le montant de sa dette, au taux de quatre et demi 0/0. Cette novation à la position originaire serait sans inconvénient, puisqu'elle serait toujours la conséquence d'une vente dont les conditions pourraient être autrement réglées.

Quant à ce qui touche l'aliénation forcée (par exemple, sur saisie immobilière), il y aurait également lieu d'ordonner le règlement avec la maison de crédit ; mais le titre de rente, en ce cas, délivré par l'État au propriétaire exproprié, serait mis en distribution, comme le prix lui-même du fonds vendu, entre les divers créanciers privilégiés et hypothécaires pouvant exister, et ce, suivant leur ordre.

Toutes les difficultés ainsi réglementées, je ne crois pas qu'il y ait exagération à espérer que le quart de la fortune foncière de la France viendrait s'offrir à soutenir le Trésor. Il suffirait, pour enflammer l'opinion, de bien faire comprendre que nous entrons dans la période des sacrifices obligatoires, qu'il y a autant de patriotisme à aider la patrie de sa fortune qu'à lui prêter son bras, et qu'il n'est qu'habile de s'imposer volontairement un risque illusoire, en lui-même générateur d'un profit, plutôt que d'attendre avec imprévoyance les contributions forcées !

Les cinq milliards d'hypothèque à fournir ne seraient pas, du reste, en entier demandés à la propriété particulière. Qui empêcherait, en effet, que l'État se portât

directement emprunteur à concurrence de tous les biens
personnels qu'il pourrait hypothécairement engager? La
fortune domaniale de l'État pourrait fournir un important
concours au succès de l'opération, et il y aurait d'autant
plus d'avantage à l'y employer que le Trésor bénéficierait,
à due concurrence, du droit de commission de un 0/0
réservé pour les obligations contractées par la propriété particulière, et que tous les fonds qui lui seraient
ainsi procurés ne lui ressortiraient qu'au taux de trois et
demi 0/0.

Je crois, enfin, que devraient être aussi probablement
acquis à l'entreprise les immeubles des grandes Compa-
gnies qui ont des placements fonciers, telles que Com-
pagnies d'assurances, Chemins de fer, etc., ce qui devrait
offrir un appoint considérable.

Situation de l'État.

Reste, enfin, la situation de l'État. Elle se résumerait
ainsi : payer trois et demi ou quatre et demi 0/0 d'intérêts
pour éteindre une dette productive de cinq 0/0, c'est à
dire bénéficier de vingt-cinq à cinquante millions par an.
Les propriétaires prêteurs gagnant un 0/0 pour leur dation
d'hypothèque... ce serait donc une immense économie
pour la fortune privée et publique de la France.

L'État, il est vrai, devrait renoncer à tout droit fiscal
sur les emprunts hypothécaires dont il tirerait ainsi profit,
mais on n'objectera pas, sans doute, que ce serait pour
lui un élément de perte, car on ne peut perdre que ce
qu'on a d'acquis; or, les emprunts hypothécaires, que

l'application du système viendrait à provoquer, tiennent au système lui-même et n'auraient pas lieu sans lui.

En résumé, Messieurs, tous les intérêts, vous le voyez, recevraient une satisfaction rationnelle et équitable dans l'économie de ce projet. Je ne disconviens pas que la théorie en est complexe et hardie, mais tout se simplifierait dans la pratique, ainsi qu'en peut témoigner la formule de décret que j'ai l'honneur de vous soumettre ci-après. Les réformes, d'ailleurs, nécessitent toujours quelque hardiesse, et il n'y a que l'esprit d'ignorance ou de présomption qui s'entête à ne pas quitter l'ornière battue. Une idée juste et neuve peut parfois créer de grands résultats. Je vous livre, sans prétention, la mienne qui se réduit à ce mécanisme élémentaire : Verser dans la circulation, en la mobilisant, la fortune foncière de la France. Maints propriétaires voudraient seconder l'État qui ne le peuvent, ne disposant d'aucun numéraire : c'est à eux que nous voulons ouvrir la porte du dévouement. Leur part sera belle encore, puisque, en cautionnant la patrie, ils se trouveront utilement spéculer pour eux-mêmes. Assurément, mes combinaisons n'appartiennent pas à des temps réguliers, mais nous sommes, hélas! sous le coup de la contrainte, et ce n'est pas au mieux qu'il s'agit de prétendre, mais au moins mal. Je n'aurais qu'un désir, après avoir fait appel à l'immeuble, ce serait de pouvoir demander au capital mobilier d'aussi bénins sacrifices !

PROJET DE DÉCRET.

L'Assemblée nationale décrète :

ARTICLE PREMIER — L'établissement de crédit X*** est autorisé à émettre cinq milliards d'obligations nominatives ou au porteur, de 1,000 fr. chaque, aux droits et charges ci-après établis :

ART. 2. — Le montant intégral de cette émission devra être affecté à prêter soit directement à l'État, soit à tout propriétaire qui le demandera, et sur hypothèque, jusqu'à concurrence de moitié de la valeur des immeubles qui seront offerts en gage.

ART. 3. — Les prêts seront remboursables dans 15 années de leur date, et le montant en devra être directement versé par la Banque dans les caisses du Trésor, qui prendra l'engagement de lui en payer l'intérêt annuel à trois et demi 0/0. Pour tous les prêts inscrits sur une propriété particulière, l'État devra, en outre, au propriétaire grevé un 0/0 par an du capital emprunté.

ART. 4. — L'établissement X*** est autorisé à émettre, au fur et à mesure de ses placements, et jusqu'à concurrence de la moitié de leur chiffre, des billets au porteur, qui, en outre du gage hypothécaire sur lequel ils reposeront, seront spécialement garantis par l'État, et dont le cours sera forcé.

ART. 5. — Tous les propriétaires qui auront, dans ces conditions, emprunté à la maison X*** seront affranchis de tous impôts extraordinaires sur la partie de leurs biens ainsi grevés, jusqu'à leur dégrèvement complet.

ART. 6. — Ces emprunts seront exemptés de toute perception fiscale. Ils pourront être constatés, quand les parties sauront signer, par de simples actes sous seings-privés, rédigés sur papier non timbré, d'après une même formule et sans frais, et passés, entre le propriétaire emprunteur, d'une part, et, de l'autre, le directeur de la succursale de la maison X*** et le directeur de l'administration de l'enregistrement et des domaines du département où se contractera l'emprunt. Si l'emprunteur ne sait pas signer, l'emprunt ne pourra être constaté que par acte passé entre les mêmes parties, devant le maire, de la situation des biens à hypothéquer. Cet acte et toute procuration pour y figurer seront également sur papier non timbré.

Art. 7. — Dans tous les cas, ces actes seront soumis aux formalités légales d'enregistrement et de transcription hypothécaire, mais ne donneront ouverture qu'à la perception de droits fixes de..... pour l'enregistrement, et de..... pour la transcription. Ces droits seront réglés en totalité par la maison X***.

Art. 8. — En cas d'aliénation volontaire des immeubles grevés, l'acquéreur pourra en opérer la purge en offrant de verser à la maison X*** le montant du prêt hypothéqué. La maison X*** devra, en recevant et donnant quittance, anéantir un chiffre équivalent, soit de moitié moindre, des billets au porteur dont elle aura fait l'émission.

Tous actes de notification, de quittance, de main-levée et de radiation, seront affranchis du timbre, et soumis à de simples droits fixes d'enregistrement.

Art. 9. — L'établissement X*** une fois désintéressé par ce mode de purge, le vendeur des immeubles dégrevés recevra de l'État un titre de rente, au taux de quatre et demi 0/0, du montant de son emprunt libéré.

Art. 10. — En cas de vente forcée, la purge sera obligatoire conformément aux prescriptions de l'art. 8, s'il y a lieu d'ouvrir une distribution par voie d'ordre. Dans ce cas, le titre de rente revenant au propriétaire dépossédé sera compris dans la distribution au même titre que le prix de vente de son immeuble, et sera à ces fins vendu, au moment de l'ouverture, à la requête de la partie poursuivante.

Art. 11. — Dans chaque département, il sera organisé un comité consultatif composé de tous les maires, de tous les receveurs d'enregistrement, de tous les percepteurs, de tous les contrôleurs des contributions directes, et de tous les délégués que la maison X*** jugera utile de leur adjoindre, pour fournir isolément ou de concert les renseignements propres à fixer sur les conditions des prêts à consentir.

Art. 12. — L'État devra amortir la dette qui sera ainsi contractée en dix annuités, dont la première viendra à échéance le. ... Le montant de ces annuités sera directement versé par lui à la maison X***, qui devra aussitôt faire disparaître de la circulation un chiffre équivalent, soit moitié moindre, de ses billets ayant cours forcé. Il sera alors fait un tirage au sort et des obligations de la maison qui devront être remboursées à concurrence des versements effectués, et des propriétaires emprunteurs, dont les immeubles devront être dégrevés dans les mêmes proportions.

ART. 13. — Le jour où l'État se sera entièrement libéré, le présent décret sera *ipso facto* abrogé.

ART. 14. — Un règlement ultérieur fixera les formes sous lesquelles devront être émises les obligations et les billets ayant cours forcé dont la création est autorisée, ainsi que celles du titre d'intérêt de un 0/0, qui devra être remis par l'État au propriétaire emprunteur.

Ainsi, Messieurs, toutes les difficultés se trouveraient prévues et réglées.

Nous nous adresserions d'abord aux propriétaires, et nous leur dirions : — « Pour un cautionnement que la » patrie vous demande, vous pouvez vous affranchir d'im- » pôts qui seraient votre ruine, et vous pouvez même » gagner un droit de commission qui vous aidera à sup- » porter les charges de ces temps critiques. »

Patriotisme et profit. Quel succès n'obtiendraient pas auprès d'eux ces deux mobiles heureusement combinés?

Nous nous adresserions ensuite aux capitalistes, et nous leur dirions : — « Nous vous demandons votre argent » pour le plus sûr des placements. Vous aurez deux débi- » teurs : l'État, et la propriété immobilière sur laquelle » vous aurez hypothèque. Trois et demi 0/0 d'intérêt » vous sont acquis, et vous aurez à y ajouter les bénéfices » certains d'une circulation de deux milliards et demi de » billets de banque ayant cours forcé, ce qui vous garantit

» un minimum d'intérêts de cinq 0 0. mais ce qui pourrait
» vous donner souvent beaucoup plus. »

Sécurité absolue et rendement magnifique. Comme ce
seraient encore des placements supérieurs aux placements
ordinaires sur hypothèque, qui nous imposent en général
des relations si pénibles avec un débiteur obéré! En s'or-
ganisant pour que les obligations émises pussent avec
facilité encaisser leurs intérêts dans tous les grands cen-
tres des pays voisins, il serait impossible que notre appel
ne fût pas entendu!

Nous nous adresserions enfin au public, et nous lui
dirions : — « L'État ne bat point monnaie sur son crédit.
» Ne crains pas le retour des assignats, et ne t'effraie pas
» au mot de cours forcé. Les billets qui vont être jetés
» dans la circulation ne peuvent être remboursés à vue,
» parce qu'ils ne reposent pas sur une valeur réalisable à
» vue ; mais ils n'en sont pas moins une monnaie de pre-
» mier cours, puisque, s'élevant au total de deux milliards
» et demi, ils te représentent un gage foncier de cinq
» milliards ! »

Qui pourrait, après ce langage, nous refuser sa confiance?

Il suffit d'oser, Messieurs : les circonstances vous imposent cette initiative courageuse.

Veuillez recevoir, Messieurs les Députés, l'assurance de
mon dévouement à la patrie et de mon respect à la
souveraineté nationale.

Ludovic TRARIEUX,
Avocat du Barreau de Bordeaux.

Bordeaux, mars 1871.

Bordeaux.—Imp. G. Gounouilhou, rue Guiraude, 11.

16